BRÈVES OBSERVATIONS

SUR LA

RESPONSABILITÉ CIVILE

DES INSTITUTEURS

Par Ch. CORNETTE

ALAIS

TYPOGRAPHIE & LITHOGRAPHIE MARTIAL & FABRE

93 — Grand'Rue — 93

—

1896

BRÈVES OBSERVATIONS

SUR LA

RESPONSABILITÉ CIVILE

DES INSTITUTEURS

Par Ch. CORNETTE

ALAIS

TYPOGRAPHIE & LITHOGRAPHIE MARTIAL & FABRE
93 — Grand'Rue — 93

—

1896

UN MOT

RESPONSABILITÉ CIVILE

des Instituteurs

Un accident, récemment survenu dans une école publique, a fait quelque bruit, relativement à la responsabilité civile qu'il avait fait encourir à l'instituteur, appelé à se justifier en justice.

C'est cette circonstance qui motive aujourd'hui, de ma part,.dans l'intérêt des instituteurs, quelques indications sur leur responsabilité civile.

En principe, chacun répond de son fait personnel; on ne doit réparation que du préjudice qu'on a causé soi-même, mais la loi, dans certains cas, a dérogé à ce principe général en déclarant : que le dommage est imputable à celui qui doit répondre des personnes qui l'ont causé par leur fait.

Les instituteurs sont compris dans l'une de ces exceptions à la règle générale; la responsabilité du fait d'autrui leur incombe, en vertu de diverses dispositions de la loi que je vais énumérer, pour les fautes commises par leurs élèves pendant le temps qu'ils les ont sous leur surveillance, à moins, toutefois, qu'ils ne prouvent l'impossibilité absolue dans laquelle ils se sont trouvés d'empêcher le fait repréhensible.

Le Code civil, article 1384, dispose :

« On est responsable non seulement du dommage que l'on cause par son propre fait, mais encore de celui qui est causé par le fait des personnes dont on doit répondre, ou des choses que l'on a sous sa garde.

Le père et la mère, après le décès du mari, sont responsables du dommage causé par leurs enfants mineurs habitant avec eux.

Les maîtres et commettants, du dommage causé par leurs domestiques et préposés dans les fonctions auxquelles ils les ont employés.

Les instituteurs et les artisans, du dommage causé par leurs élèves et apprentis pendant le temps qu'ils sont sous leur surveillance.

La responsabilité ci-dessus a lieu, à moins que les père et mère, instituteurs et artisans, ne prouvent qu'ils n'ont pu empêcher le fait qui donne lieu à cette responsabilité. »

Lors de la discussion de la loi, et relativement au paragraphe concernant les instituteurs, le rapporteur, M. de Greuille, s'exprimait ainsi :

« La même garantie est prononcée par l'article 1384 du Code civil contre les instituteurs et les artisans, pour les dommages causés par leurs élèves ou apprentis pendant le temps qu'ils sont sous leur surveillance.

En voici la raison : C'est que les instituteurs ou artisans remplacent alors les parents; c'est la loi qui leur délègue une portion d'autorité suffisante pour retenir les enfants et ouvriers qui sont sous leur direction dans les bornes de la circonspection et du devoir; c'est qu'ils doivent à ces enfants et ouvriers de bonnes instructions et de bons exemples; c'est qu'il faut qu'ils se garantissent de toute faiblesse envers eux, et c'est qu'enfin ils ont la faculté de renvoyer ceux d'entre ces enfants ou ouvriers qui leur paraissent pervers ou incorrigibles. »

Rapport fait au Tribunat par le tribun Bertrand de Greuille, à la séance du 16 pluviose an 12.

Et quelques jours avant, M. le Conseiller Treilhard, dans son exposé, disait :

« Puisse cette charge de la responsabilité rendre les chefs de famille plus prudents et plus attentifs!

Puisse-t-elle faire sentir aux instituteurs toute l'importance de leur mission.

La vie que nos enfants tiennent de nous n'est plus un bienfait si nous ne les formons pas à la vertu et si nous n'en faisons pas de bons citoyens. »

Exposé du conseiller Treilhard, séance du 9 pluviose an 12.

En ce qui concerne les délits, l'article 74 du Code pénal renvoie, pour la responsabilité, aux dispositions du Code civil comme suit :

« Dans les autres cas de responsabilité civile qui pourront se présenter dans les affaires criminelles, correctionnelles ou de police, les Cours et Tribunaux devant qui ces affaires seront portées se conformeront aux dispositions du Code civil, livre III, titre IV, chapitre II. »

La loi en matière pénale règle donc la responsabilité civile des instituteurs par application de l'article 1384 du Code civil pour tout ce qui concerne le caractère, l'étendue de cette responsabilité et le recours de la personne civilement responsable ; elle ne comprend, évidemment, que le dédommagement pécuniaire et ne s'étend point aux peines pécuniaires ou corporelles, qui sont exclusivement personnelles aux délinquants ou contrevenants.

En matière criminelle comme en matière civile, a dit M. Riboud, certaines personnes peuvent encourir une responsabilité légale sans avoir participé au crime ou délit ; cette responsabilité ne s'étend point à la peine prononcée, elle ne porte que sur le dommage fait à autrui. Elle a lieu comme elle est établie dans l'article 1384 du Code civil, en raison de l'influence ou de l'autorité des personnes responsables sur les auteurs de l'action punissable.

Rapport fait au Corps législatif par M. Riboud, membre de la Commission de législation, à la séance du 15 février 1810.

L'amende prononcée par les Tribunaux répressifs étant une peine, sauf quelques exceptions prévues par la loi, ne peut atteindre que l'auteur de l'infraction; la responsabilité de l'instituteur pour les fautes commises par les enfants soumis à sa surveillance ne s'applique qu'aux restitutions et dommages-intérêts.

Parmi les exceptions au principe général de la non-responsabilité des peines pécuniaires, il faut ranger les amendes en matière de contributions indirectes, de douanes et d'octroi, que la jurisprudence a considéré comme étant une réparation civile plutôt qu'une peine.

L'article 28 de la loi du 3 mai 1844 sur la police de la chasse, dispose : « Le père, la mère, le tuteur, les maîtres et commettants sont civilement responsables des délits de chasse commis par leurs enfants mineurs, non mariés, pupilles, demeurant avec eux, domestiques ou préposés, sauf tout recours de droit.

Cette responsabilité sera réglée conformément à l'article 1384 du Code civil et ne s'appliquera qu'aux dommages-intérêts et frais, sans pouvoir, toutefois, donner lieu à contrainte par corps. »

On s'est demandé si cette disposition législative était applicable aux instituteurs pour les délits ou dégâts commis par leurs élèves, pendant le temps qu'ils sont sous leur surveillance.

Plusieurs auteurs ont soutenu l'affirmative en déclarant, qu'il y avait pour les instituteurs même raison de décider qu'en cas de responsabilité des maîtres et commettants, pour des infractions de chasse dont se rendent coupables les domestiques et préposés. — *(Camusat, page 178. — Rogron, page 308. — D. Lois de chasse, art. 28, n° 57.)*

Ces auteurs se basent, en outre, sur le rapport fait par Monsieur Franck-Carré à la Chambre des pairs le 16 mai 1843, lors de la discussion du projet de loi relatif à la police de la chasse.

Le rapporteur s'exprimait ainsi :

« Les articles 25 et 26 du projet appliquent aux délits de chasse les principes du droit commun en matière de solidarité et de responsabilité civile. Votre Commission adopte entièrement ces deux dispositions. »

Mais d'autres auteurs ont émis l'opinion contraire en soutenant que l'énumération des personnes civilement responsables, contenue dans l'article 28 de la loi du 3 mai 1844, doit être considérée comme *limitative*. — (*Giraudeau, nᵒ 1152. — Leblond, nᵒ 362.*)

Dalloz estime que cette opinion est préférable, parce qu'elle se fonde sur le caractère limitatif qu'il convient d'attribuer à l'énumération que contient l'article 28, des personnes civilement responsables en matière de chasse.

Cette doctrine se base sur le paragraphe 32 de l'exposé des motifs du projet de loi présenté par M. le Garde des sceaux, Ministre de la justice, à la Chambre des pairs, à la séance du 17 avril 1843, et qui disait : « La loi de 1790 ne rendait civilement responsable des délits de chasse que les père et mère à l'égard de leurs enfants. Nous avons étendu la responsabilité aux tuteurs, aux maîtres et commettants à l'égard des pupilles, serviteurs et autres subordonnés. Ils ont, sur ces derniers, un pouvoir, une autorité dont ils doivent user pour les empêcher de commettre des délits. C'est d'ailleurs la seule manière d'atteindre, quant à une partie des condamnations pécuniaires, une classe de délinquants qui, ne possédant rien, pourraient souvent jouir d'une immunité complète. »

Nous verrons plus tard quelle a été l'interprétation de la jurisprudence et les divers cas de responsabilité qui peuvent se présenter en cette matière.

Suivant l'article 74 de la loi du 15 avril 1829 sur la pêche, la responsabilité civile pèse sur les maris, pères, mères, tuteurs, fermiers et porteurs de licences, ainsi que tous propriétaires, maîtres et commettants pour les délits de pêche commis par leurs femmes, enfants mineurs, pupilles, bateliers et compagnons et tous autres subordonnés, sauf tout recours de droit.

Le même article ajoute : Cette responsabilité sera réglée conformément à l'article 1384 du Code civil.

Quand il s'agit d'infractions à la loi sur la pêche fluviale, c'est la responsabilité telle qu'elle est réglée par la loi civile qui doit être appliquée aux instituteurs. Toutes les nuances établies par le Code civil doivent être respectées.

Bien que l'article 74 ne comprenne pas les instituteurs dans ses énonciations, la doctrine enseigne que cet article en se servant de ces expressions : *tous* propriétaires, maîtres ou commettants, a voulu désigner toutes personnes exerçant une autorité sur le mineur à un autre titre que père, mère ou tuteur.

Les instituteurs sont donc responsables des

délits de pêche commis par leurs élèves pendant le temps qu'ils sont sous leur surveillance.

Dalloz —art. 74 de la loi du 15 avril 1829, nº 9.

Il est inutile de répéter que cette responsabilité ne peut s'étendre aux amendes à raison de son caractère purement civil.

Par suite, si le mineur était acquitté comme ayant agi sans discernement, la condamnation aux dépens et aux dommages-intérêts et restitution, qui doit toujours être prononcée contre lui, s'applique à l'instituteur pris comme civilement responsable.

Malgré le silence du Code forestier à l'égard des instituteurs, ils sont néanmoins responsables des délits commis dans les forêts par les enfants dont la surveillance leur est confiée.

« Les maris, pères, mères et tuteurs, dit l'article 206 du Code forestier, et, en général, tous maîtres et commettants seront civilement responsables des délits et contraventions commis par leurs femmes, enfants mineurs et pupilles demeurant avec eux et non mariés, ouvriers, voituriers et autres subordonnés, sauf tout recours de droit.

Cette responsabilité sera réglée conformément au paragraphe dernier de l'article 1384 du Code civil et s'étendra aux restitutions, dommages-intérêts et frais, sans pouvoir toutefois donner lieu à la contrainte par corps, si ce n'est dans le cas prévu par l'article 46. »

La responsabilité civile spécifiée dans l'article qui précède atteint les personnes qui ont autorité sur l'auteur de l'infraction, elle se rapproche de celle prévue par l'article 74 du Code pénal, qui est conforme en tout à celle qui est régie par l'article 1384 du Code civil; il est hors de doute que les contraventions forestières commises par les élèves d'une école, pendant le temps qu'ils sont sous la surveillance de l'instituteur, engagent la responsabilité civile de ce dernier pour les réparations civiles, c'est-à-dire, pour les dommages-intérêts, les restitutions et les frais.

L'action intentée par les agents de l'administration forestière dans l'intérêt de l'Etat, des communes ou des établissements publics, a pour objet, en effet, d'obtenir les réparations civiles dues par les auteurs de l'infraction à la loi forestière.

La restitution, aux termes de l'article 198 du Code forestier, s'ajoute à la peine, soit qu'il s'agisse d'enlèvement frauduleux de bois ou de l'enlèvement de tous autres produits du sol forestier.

Les dommages-intérêts alloués ne peuvent être inférieurs à l'amende simple, en vertu de l'article 202 du Code forestier.

A ce point de vue, on s'était demandé si, dans le cas où le délinquant mineur bénéficiait des dispositions de l'article 69 du Code pénal et n'était condamné, à raison de son jeune âge, qu'à la moitié de l'amende, les dommages-intérêts ne devaient pas dépasser cette moitié d'amende ; un avis du comité de rédaction du Répertoire de législation et de jurisprudence forestières a indiqué que le minimum des dommages-intérêts reste fixé au chiffre de l'amende simple, alors même qu'aucune amende n'a été prononcée ; on peut dire qu'à plus forte raison ce minimum doit rester invariable alors que l'amende est atténuée.

Le Code pénal, les lois répressives spéciales attribuent un caractère purement civil à la responsabilité des instituteurs, qui est réglée par l'article 1384 du Code civil.

Nous examinerons donc la doctrine relative à cette disposition et la jurisprudence. Dans cette matière, la loi ne pouvait que poser les principes que la doctrine a éclairé sans en régler cependant l'application, que les événements de la vie peuvent multiplier.

Mais ce sont les exemples cités par la jurisprudence qui nous feront mieux connaître l'esprit de la loi.

La responsabilité des instituteurs est fondée sur une présomption légale de faute ; mais, à la différence de celle qui pèse sur les maîtres et commettants, elle n'est pas invincible pour eux; la loi autorise la preuve contraire et, s'ils établissent qu'ils n'ont pas pu empêcher le fait qui a causé le dommage dont on demande la réparation, ils sont exonérés de toute responsabilité.

La quatrième disposition de l'article 1384 veut que la responsabilité du père cesse lorsque son enfant est entré dans une maison d'éducation ou à l'école. Le père, en confiant l'enfant à l'instituteur, se repose sur ce dernier; il lui cède toute son autorité, lui délègue sa puissance paternelle pendant tout le temps que l'élève est sous sa surveillance; si l'enfant s'écarte des bornes du devoir, c'est l'instituteur qui est en faute et, par suite, soumis à la responsabilité qui dérive de la puissance paternelle.

Les instituteurs, dit M. Sourdat, ont non seulement la force et l'autorité pour la surveillance du mineur, mais le droit et le devoir de lui donner une éducation qui prévienne ses écarts et l'empêche de faire mal. Leur responsabilité découle de cette double obligation qu'ils ont, en général, la faculté d'accomplir, autant par l'influence morale qu'ils exercent sur l'intelligence, la volonté et les sentiments de l'enfant, que par des moyens physiques.

L'immunité du père ou de la mère, dont

l'enfant est placé dans une maison d'éducation ou sous la surveillance de l'instituteur, a subi une atteinte aux termes du décret du 18 novembre 1811, article 79, pour les délits commis en dehors de l'école dans les sorties ou promenades communes.

En effet, ce décret, sans affranchir l'instituteur de la responsabilité à l'égard de la victime du délit par la preuve que le maître n'a pas pu empêcher la faute, permet le recours de l'instituteur contre le père ou la mère.

Le paragraphe III du titre II de la section 3 du décret du 18 novembre 1811 est ainsi conçu :

Art. 76. — Les élèves des lycées ou des collèges au-dessous de seize ans ne seront justiciables, pour délits commis par eux dans l'intérieur de ces maisons que de l'Université, sans préjudice de ce qui sera dit ci-après, titre VII, article 158 et suivants.

Art. 77. — Ils seront punis, selon la gravité du cas, d'une détention de trois jours à trois mois, dans l'intérieur du lycée ou du collège, dans un local destiné à cet effet.

Art. 78. — Si le père, mère ou tuteur, s'opposaient à l'exécution de ces mesures, l'élève leur sera remis et ne pourra plus être reçu dans aucun autre lycée ou collège de l'Université, et sera renvoyé, le cas échéant, à la justice ordinaire.

Art. 79. — Pour les délits commis par les élèves au dehors, dans les sorties et promenades faites en commun, la partie lésée conservera le droit de poursuivre, si elle le veut, ses réparations par les voies ordinaires ; dans tous les cas, l'action sera dirigée contre le chef de l'établissement auquel l'élève appartiendra, lequel chef sera civilement responsable, sauf son recours contre les père et mère ou tuteur en établissant qu'il n'a pas dépendu des maîtres de prévoir ni d'empêcher le délit.

La faculté du recours de l'instituteur, créée par le décret précité, est critiquée par Toullier, qui déclare que cette dernière disposition est dans une contradiction manifeste avec l'article 1384 du Code civil :

1o Si l'instituteur, dit-il, prouve qu'il n'a pas dépendu des maîtres de prévoir et d'empêcher le délit, l'impossibilité existe, à bien plus forte raison, à l'égard du père demeurant peut-être à cent lieues de l'établissement où il a placé son fils. Comment donc exercer un recours contre lui pour un cas où la loi le dégage de la responsabilité ;

2o S'il est prouvé que les maîtres n'ont pu prévenir ni empêcher le délit, il est dégagé de la responsabilité par le Code, article 1384. Il n'a donc pas de recours à exercer.

Au reste, il est difficile de prouver l'impossibilité de prévenir ou d'empêcher le dommage causé par un élève ; car, dans un collège bien tenu, les élèves doivent être perpétuellement sous les yeux des maîtres ; il y a donc le plus souvent défaut de surveillance de ces derniers.

Toullier ajoute que ce décret n'a pas force de loi et n'a pu déroger au Code civil ni l'abroger.

Il termine en disant que les Tribunaux ne devraient jamais admettre l'action récursoire d'un instituteur contre le père de l'enfant confié à ses soins.

Dalloz, au contraire (V. Responsabilité), accepte ce recours de l'instituteur contre le père.

Il semble, en effet, que le décret dont s'agit n'ayant pas force de loi, les Tribunaux, pas plus que les parties, ne peuvent admettre et accepter une pareille action.

Ce même décret, dans son titre VII, articles 157 à 164, règle l'action de la justice et de la police ordinaire pour l'intérieur des établissements publics appartenant à l'Université, mais il ne déroge pas au droit commun en ce qui concerne les particuliers qui conservent la faculté de saisir les Tribunaux ordinaires.

La théorie du Code civil fait passer la responsabilité des père et mère du mineur sur la tête de l'instituteur, pendant que les élèves sont sous sa surveillance ; elle le constitue en présomption de faute pour les accidents scolaires et pour les dommages causés par les élèves à des tiers, mais, elle limite cette responsabilité au temps pendant lequel ils sont sous sa surveillance et, pour échapper à la responsabilité dont le charge la loi, il doit prouver que le fait accidentel ou le dommage n'ont pas pu être empêchés par lui. En un mot, le fardeau de la preuve de son impossibilité d'empêcher le fait incriminé lui incombe.

Il faut reconnaître, cependant, que l'application de cette théorie n'est plus conforme ni aux mœurs de notre pays ni à l'esprit actuel. L'instituteur d'aujourd'hui n'est pas le simple gardien d'autrefois; ses connaissances professionnelles ont bien changé, son rôle éducatif est devenu plus important, ses leçons plus fréquentées, sa surveillance plus étendue, mais les Tribunaux savent tenir compte de ces circonstances nouvelles dans l'interprétation des textes; la loi, d'ailleurs, leur laissant un pouvoir discrétionnaire pour limiter et restreindre l'étendue de cette responsabilité en appréciant si la surveillance du maître a été en défaut et s'il doit être exonéré de tout dédommagement pécuniaire.

Nous verrons, plus tard, par les exemples fournis par la Jurisprudence, que ce vague, cet incertain laissé par le législateur au pouvoir d'appréciation des Tribunaux, n'a pas toujours été résolu au préjudice des instituteurs.

Pour intervertir le rôle des parties, mettre sur le demandeur ou la victime la charge de la preuve de faute et enlever à la loi toute apparence d'arbitraire, un député du Gard,

M. Malzac, a déposé un projet de loi que nous donnons ci-après :

Article premièr. — Un arrêté du Ministre de l'instruction publique, rendu après avis du Conseil supérieur de l'Instruction publique, déterminera, pour l'application de l'article 1384 du Code civil, le temps pendant lequel les élèves des établissements publics d'enseignement *sont sous la surveillance* des maîtres responsables des accidents causés par eux.

Art. 2. — Tout accident survenu à un élève et tout dommage causé par lui pendant ce temps de surveillance seront immédiatement portés à la connaissance de l'Inspecteur d'Académie ou de l'Inspecteur primaire du ressort, par le chef de l'établissement secondaire ou primaire où il se sera produit.

Art. 3. — Dès réception de cet avis, l'Inspecteur d'Académie ou l'Inspecteur primaire, suivant le cas, se transportera sur les lieux et dressera procès-verbal de l'accident ou du dommage.

Il en constatera les causes et donnera les noms et adresses des témoins.

Art. 4. — Un exemplaire de ce procès-verbal sera transmis à M. le Ministre de l'Instruction publique et un autre au Procureur de la République du ressort.

Communication pourra être donnée par ce magistrat à toutes personnes intéressées.

Art. 5. — Il pourra être joint à ce procès-verbal un certificat du médecin indiquant l'état du blessé, les suites probables de l'accident et l'époque à laquelle il sera possible d'en connaître le résultat définitif.

Art. 6. — La Caisse Nationale d'assurances contre les accidents, instituée par la loi du 11 juillet 1868, est autorisée à contracter avec les membres de l'enseignement public soumis à l'article 1384 du Code civil, une assurance collective pour le payement, à leurs lieux et places, des condamnations pécuniaires qui seraient prononcées contre eux en vertu dudit article et le remboursement sur état des frais et débours qu'elles leur auront occasionnés.

Art. 7. — Le contrat d'assurance sera passé et signé par le Ministre de l'Instruction publique.

Il sera renouvelé tous les ans.

Art. 8. — Dans toutes instances, et à peine de perdre le bénéfice de l'assurance, le membre de l'enseignement public poursuivi devra appeler ladite caisse, qui sera représentée par le Receveur des finances de l'arrondissement du Tribunal saisi de l'affaire et pourra fournir directement la preuve énoncée au dernier alinéa de l'article 1384.

Art. 9. — Les jugements et arrêts seront communs au membre de l'enseignement public et de la Caisse Nationale d'assurances dûment appelée en cause ; chacun d'eux pourra en appeler et se pourvoir.

Art. 10. — La prime de cette assurance collective est fixée à un franc pour chacun des membres de l'enseignement public soumis à l'article 1384, quels que soient ses fonctions ou emplois.

Le payement en est exigible le premier janvier de chaque année.

Art. 11. — Le taux de cette prime pourra être réduit temporairement par arrêté du Ministre de l'Instruction publique, sur l'avis de la Commission de surveillance de la Caisse Nationale d'assurance.

Art. 12. — En cas d'insuffisance des primes pour les payement et remboursement prévus à l'article 6, le complément sera fourni par l'Etat.

Art. 13. — La Caisse Nationale d'assurance sera

déchargée de toute obligation et tirée d'instance dans le cas où, à raison de l'accident ou du dommage, le membre de l'enseignement encourrait une condamnation pénale.

Art. 14. — Un règlement d'administration publique déterminera les conditions d'application de la présente loi.

Disposition transitoire. — Il sera pourvu, sur les premières ressources réalisées par la Caisse Nationale d'assurance, en vertu de la présente loi et à défaut, par une avance de l'Etat, au payement des condamnations prononcées par application de l'article 1384 et non encore acquittées.

J'ignore l'accueil que fera le Corps législatif à cette proposition de loi; il ne m'est pas permis de la discuter, et ce serait d'ailleurs oiseux et inutile; cependant, je me hasarderai à esquisser une opinion brève sur l'ensemble du projet qui ne me paraît pas atteindre le but que s'est proposé son auteur :

La réglementation des heures de surveillance par le Ministre semble impossible;

La fixation sera certainement faite d'une manière uniforme; de telle sorte que les difficultés surviendraient si, par exemple, pour une occasion exceptionnelle les élèves restaient avec leur maître en dehors des heures réglementaires;

Les établissements publics seraient seuls soumis à ce régime; les instituteurs privés ne bénéficieraient pas de cette disposition, on créerait une classe de privilégiés et le principe de l'égalité des citoyens devant la loi subirait ainsi une atteinte grave.

Les auteurs ont critiqué les dispositions du décret de 1811 sur les lycées et collèges; à plus forte raison les arrêtés ministériels seraient-ils combattus s'ils limitaient et restreignaient l'étendue de la responsabilité.

Les dispositions du même projet, en vue de la garantie par l'Etat de la responsabilité civile des instituteurs paraît excellente; mais, en cas d'accident, l'assuré serait considérablement gêné pour discuter avec le représentant de l'Etat les causes de sa faute; il devrait forcément s'effacer devant l'agent du fisc pour laisser celui-ci libre de diriger sa défense et puis, si l'Etat garantit les fautes des instituteurs, aucune raison ne s'oppose à ce qu'il assure celle de tous les autres fonctionnaires et, mieux encore, qu'il garantisse la responsabilité civile du patron; il deviendra alors assureur, et tout le monde pourra contracter avec lui; il n'existera plus de privilégiés.

En attendant, les membres du corps enseignant peuvent se solidariser et créer une caisse alimentée par des versements mensuels, comme l'ont déjà fait certains; cette caisse serait destinée à fournir des fonds aux sociétaires engagés dans un litige relatif à un accident scolaire.

Ils peuvent, mieux encore, s'adresser soit

collectivement, soit individuellement à des Sociétés privées dont les Statuts permettent, moyennant des paiements mensuels, de garantir la responsabilité civile encourue.

En un mot, la seule modification qui paraît s'imposer consiste dans la suppression de la responsabilité générale, pour laisser subsister seulement les fautes résultant soit de la négligence, soit de l'imprudence, soit enfin de l'inobservation des règlements. (Articles 1382 et 1383 du Code civil.)

Le fardeau de la preuve du fait dommageable serait, dans ce cas, à la charge du demandeur.

Tout ce qui a été dit précédemment ne s'applique qu'aux instituteurs qui reçoivent des élèves chez eux ou dans les écoles; mais, les maîtres qui se rendent pendant quelques heures chez les parents de l'élève pour donner des leçons à ce dernier, ou les précepteurs qui sont constamment au domicile des père et mère ne sont point responsables de l'élève, car ils sont eux-mêmes sous la surveillance directe des père et mère ; ceux-ci ont, néanmoins, le droit de recours contre l'instituteur, à raison de la négligence qu'il aurait pu apporter dans l'exercice de ses fonctions.

Il nous reste à examiner la jurisprudence qui a interprêté la loi dans les diverses circonstances qui se sont présentées et qui a ainsi fait connaître l'esprit qui a dicté cette législation.

Le Tribunal civil de Marseille et après lui la Cour d'Aix, le 19 décembre 1870, ont décidé :

Qu'un père ne peut être actionné comme civilement responsable du dommage causé par son fils mineur dans l'institution où il l'avait placé comme pensionnaire, et à un moment où par suite celui-ci ne se trouvait plus sous sa surveillance, qu'il ne saurait être condamné à la réparation de ce dommage que comme administrateur de la personne et des biens de son enfant, lequel doit supporter personnellement les conséquences pécuniaires de sa faute;

Que le chef d'un établissement d'éducation, dans lequel un élève a été, pendant la récréation, blessé par la faute d'un de ses camarades, ne peut être recherché comme responsable, si toutes les précautions propres à prévenir les accidents avaient été prises et s'il est établi que le préposé à la surveillance des élèves n'a pu empêcher le fait (un jet de pierre) qui a occasionné l'accident.

« Attendu, disait le Tribunal de Marseille, qu'il résulte de l'enquête à laquelle il a été procédé que le jeune Teissère, élève au Lycée de Marseille, pendant qu'il jouait dans une des cours de cet établissement, a reçu au-dessus de la tempe gauche et sur l'articulation même du temporal avec le pariétal, un coup de pierre violent qui a percé le chapeau de feutre qui lui couvrait la tête et lui a fait une grave blessure ; que cette blessure provient du fait du mineur Lieutaud, élève pensionnaire au même Lycée, qui a lancé la pierre dont le choc l'a causée ; qu'elle a déterminé des accidents immédiats qui se sont manifestés par la perte momentanée de la mémoire et de la parole ; qu'elle a mis en péril la vie de la victime, en l'exposant à la nécessité de l'une des plus terribles opérations de l'art chirurgical ; qu'elle a exigé un long et dispendieux traitement, et spécialement les soins de deux hommes de l'art, dont le danger des conséquences possibles commandait, comme un acte de prudence élémentaire, d'invoquer la collective expérience ; que s'il n'est pas complètement établi que cette blessure doive exercer sur l'état avenir des facultés intellectuelles du jeune Teissère une irréparable influence, il est constant qu'elle le condamne, momentanément au moins, à s'abstenir de tout travail de l'intelligence et le force à une suspension de ses études, d'autant plus dommageable qu'il est peu avancé pour son âge et que son éducation est peut-être irrémédiablement compromise ;

Attendu qu'il doit être tenu compte de toutes ces circonstances pour l'appréciation du dommage résultant de la blessure ci-dessus spécifiée et de la réparation qu'a le droit d'obtenir celui qui l'a subie, et que le chiffre de 3.000 francs, réclamés à ce titre par le demandeur, ne paraît pas dépasser une juste mesure;

Attendu que l'auteur de cette blessure en doit incontestablement et personnellement supporter, au point de vue de cette réparation, les conséquences pécuniaires;

Attendu que si la responsabilité du sieur Lieutaud père peut être moralement engagée à assurer, autant que possible, par un dédommagement pécuniaire, la réparation du malheur causé par son fils mineur, elle ne saurait

l'être civilement en l'état de la délégation de surveillance
sur lequel le principe de cette responsabilité repose, à
l'établissement dans lequel il a placé son fils, délégation
qui est exclusive d'une faute de sa part alors qu'elle le
dépouillait de tout moyen d'exercer lui-même cette surveillance.

En ce qui touche la responsabilité du sieur Grenier,
proviseur du Lycée, qui a été mis en cause par le
demandeur :

Attendu qu'aucun fait n'est attribué au sieur Grenier,
qui soit de nature à impliquer sa responsabilité personnelle ; que, lors de l'accident, l'enfant mineur qui l'a
causé n'était pas placé sous sa surveillance immédiate ;
qu'il n'a pu, dès lors, exercer aucune influence, pour le
prévenir ou l'empêcher, sur l'acte dont le dommage à
réparer est provenu ; qu'il ne saurait, d'ailleurs, répondre
des fautes ou des défaillances d'agents placés sous ses
ordres, mais dont le choix ne lui appartient pas et dont
le nombre et les attributions sont absolument indépen-
dants de lui. »

Le Tribunal met les sieurs Lieutaud père, en tant que
responsable civilement des faits de son fils mineur, et
Grenier, proviseur du Lycée, hors d'instance et de procès.
Condamne ledit Lieutaud père, en tant qu'administrateur
de la personne et des biens de son fils mineur, au payement en faveur du mineur Teissère, avec intérêts du jour
de la demande, de la somme principale de 3.000 fr. à
titre de dommages-intérêts. »

A la suite de cette décision, Lieutaud releva
appel contre Teissère, et celui-ci à son tour releva
appel contre Grenier.

La 4ᵐᵉ chambre de la Cour d'Aix, présidée
par M. Lescouvé, rendit l'arrêt suivant :

« Attendu, en fait, que l'accident dont Paul Teissère a été victime a eu lieu dans une des cours du Lycée de Marseille, au moment où les élèves faisant partie d'une des divisions de ce Lycée se trouvaient réunis sous la garde d'un maître qui, conformément aux règlements du Lycée, était chargé par le proviseur de les surveiller ; qu'il est établi que ce maître n'avait jamais manqué de remplir, à cet égard, les devoirs qui lui étaient imposés, et qu'il n'a pu apercevoir Lieutaud lorsque celui-ci a tout-à-coup détaché du ruisseau de la cour la pierre qu'il a lancée contre un mur, et qui est venue ensuite atteindre Teissère à la tête ;

Que, dans ces circonstances, il est évident que le sieur Grenier ne saurait encourir aucune responsabilité, puisque, en sa qualité de proviseur, il avait pris toutes les mesures nécessaires pour que les élèves ne fussent exposés à aucun accident, et qu'il n'a pu empêcher le fait dont Teissère se plaint ; que le sieur Grenier ayant été appelé en cause par ce dernier, c'est à tort que les frais résultant de cette action ont été mis à la charge de Lieutaud.

Par ces motifs, et adoptant au surplus ceux des premiers juges en ce qu'ils n'ont pas de contraire aux considérants qui précédent, réforme le jugement en ce qui touche l'indemnité accordée à Teissère ; fixe cette indemnité à la somme de 2.000 fr. ;

Condamne Lieutaud aux dépens, sous déduction de ceux de première instance et d'appel qui sont relatifs à l'action en responsabilité introduite contre le sieur Grenier, en qualité de proviseur du Lycée de Marseille ; dit que ces dépens seront supportés par Teissère ; confirme le surplus du jugement dont est appel. »

En 1829, un instituteur des environs du Vigan envoya deux de ses élèves, Bertrand et

Massel, à un office religieux, pour une circonstance exceptionnelle, tandis que les autres élèves restaient en classe. A leur retour, ces enfants achetèrent des capsules de fusil et s'amusèrent à les écraser; un fragment de l'une d'elles, aplatie par le jeune Bertrand, alla frapper l'œil du jeune Massel et lui causa une blessure qui lui fit perdre cet organe.

Massel père actionna en dommages-intérêts Bertrand père, comme responsable de son fils mineur. Le défendeur n'appela pas en garantie l'instituteur, mais soutint, devant le Tribunal du Vigan, que son fils étant, au moment de l'accident, sous la surveillance de l'instituteur, il était dégagé de toute responsabilité.

Le Tribunal du Vigan, par jugement du 7 juillet 1850, repousse ce système et accorde des dommages-intérêts à Massel père.

La décision étant en dernier ressort, Bertrand père fait un pourvoi en cassation pour violation et fausse application des articles 1382, 1383 et 1384 du Code civil. Il soutenait que le maître seul était responsable lorsque les élèves étaient sous sa surveillance.

La Cour de cassation, le 29 décembre 1831, rend l'arrêt suivant :

« Attendu qu'aux termes de l'article 1383 C. C., lequel se rattache à l'article précédent, chacun est responsable du dommage qu'il a causé non seulement par son fait, mais encore par sa négligence ou son imprudence, et que, suivant le deuxième paragraphe de l'article 1384 du même code, le père et la mère, après le décès de son mari, sont responsables du dommage causé par leurs enfants mineurs habitant avec eux ;

« Attendu, en fait, qu'il est déclaré, par le jugement, que Fabien Bertrand, fils mineur du demandeur en cassation, habitant avec lui, a, par son imprudence, été cause d'un accident qui a fait perdre un œil au jeune Massel, fils mineur d'Auguste Massel. D'où il suit qu'en déclarant responsable le sieur Bertrand père, et en le condamnant aux dommages-intérêts qui devaient en résulter et que les juges ont arbitrés selon leurs lumières et leur conscience, loin d'avoir violé aucun des articles précités, ce jugement en a fait, au contraire, une juste et saine application.

Rejette le pourvoi. »

Le Tribunal civil d'Alais a eu à juger une espèce qui a quelque analogie avec celle qui a motivé l'arrêt de la Cour de cassation ; je pourrais dire presque que l'accident qui a amené l'instance devant le Tribunal civil d'Alais était plus favorable à la théorie de la responsabilité.

Un accident survenu à l'école de St-Félix-de-Pallières, dû à l'imprudence d'un élève, avait causé, à un autre enfant de cette école, des blessures graves.

Un enfant avait apporté des capsules de fulminate dans la cour de l'école et l'explosion, provoquée par le feu, avait emporté trois doigts de la main d'un élève. L'auteur de l'accident, poursuivi devant le Tribunal correctionnel du Vigan, avait été acquitté comme ayant agi sans discernement, à raison de son jeune âge, et remis à son père qui, cependant, était déclaré civilement responsable du délit.

Au point de vue civil, le père de la victime a appelé devant le Tribunal civil d'Alais le père de l'auteur de l'accident, et celui-ci, à son tour, a appelé l'instituteur auquel il attribuait la responsabilité parce que, disait-il, son enfant était sous la surveillance du maître.

Le Tribunal, tout en reconnaissant le principe de la responsabilité des instituteurs, lorsqu'ils ont la surveillance des élèves aux heures de classe et de récréation, a écarté celle de l'instituteur dont s'agit parce que ce dernier n'avait pas les enfants sous sa surveillance au moment où l'accident s'est produit.

Nous donnons ci-après les deux jugements du Tribunal correctionnel du Vigan et du Tribunal civil d'Alais; ils relatent, l'un et l'autre, suffisamment les faits pour qu'il soit inutile de donner des détails.

Tribunal correctionnel du Vigan

Audience du 7 avril 1895

—

En fait,

Attendu qu'il résulte des débats que le jour indiqué dans la citation, à Saint-Félix-de-Pallières, le jeune C. ., qui avait pris chez son père trois capsules de fulminate de mercure, les porta à l'école communale et en remit une à un de ses jeunes camarades d'école et une autre au jeune V..., écolier également, en leur recommandant de ne pas les faire partir parce qu'elles pourraient leur faire mal ; qu'il en résulte aussi que, la classe finie et pendant le temps consacré au dîner, V... ramassa tout le papier de la cour, y mit le feu avec des allumettes qu'il était allé acheter avec C..., tint la capsule sur la flamme et fut grièvement blessé à la main par l'explosion de la capsule ;

En droit,

Attendu que le fait d'apporter dans une école des capsules de fulminate de mercure, objets essentiellement explosibles, d'en remettre à de jeunes enfants qui, évidemment, n'ont pas la prudence voulue pour manier ces objets sans danger, constitue incontestablement une imprudence ; que le fait ensuite d'accompagner chez le marchand d'allumettes l'enfant à qui la capsule avait été donnée et d'assister à l'achat de ces allumettes, dont la destination était, pour les deux enfants, la mise en ignition des papiers de la cour, et par voie de suite, l'explosion de la capsule, est également à la charge du jeune C... ;

Attendu, d'autre part, qu'on ne saurait contester que l'accident survenu au jeune V... a été la conséquence de cette double imprudence de C... ;

Attendu, donc, que la prévention de blessures par

imprudence, relevée contre ce dernier, est suffisamment
établie ;

Attendu, cependant, qu'on ne doit pas perdre de vue
que V... était plus âgé que C..., plus intelligent que lui,
que le jeune C... avait pris la peine d'avertir ce dernier
du danger qu'il courait en faisant partir la capsule,
qu'il n'assistait pas à la dernière partie de la scène,
celle qui a été si funeste pour la victime, et que celle-ci
présentait avec la main la capsule à la flamme, imprudence
capitale qui a contribué sans doute pour la plus grande
part à la gravité de l'accident, de sorte que si C... a
réellement commis une imprudence, V... en a certainement commis une plus grande et a été la principale
cause de son malheur ;

Attendu que le jeune C... n'a que 9 ans, qu'il n'est pas
très développé sous le rapport intellectuel, de sorte qu'il
est certain qu'il a agi sans discernement ;

Attendu qu'il y a lieu de le rendre à sa famille, tant
à raison du genre de délit par lui commis qu'en consi-
dération de la bonne renommée dont les siens jouissent.

En ce qui touche la responsabilité civile de C... père :

Attendu que non seulement le jeune C... reste avec
son père, mais qu'encore c'est chez son père qu'il avait
pris les capsules, de sorte que c'est bien à un défaut de
surveillance du père que remonte la responsabilité de
l'accident ;

Par ces motifs, le Tribunal, jugeant en matière correctionnelle et en premier ressort, dit que C... fils a, par
imprudence, dans les circonstances de temps et de lieu
pré-rappelés, involontairement occasionné des blessures
au jeune V..., le déclare acquitté de ce fait délictueux
pour avoir agi sans discernement, le rend à sa famille,
déclare C... père civilement responsable et condamne C ..

fils et père, comme civilement responsables, aux dépens, le tout par application des articles 320 et 66 du Code pénal, 194 du Code d'instruction criminelle et 1384 du Code civil, de tous lesquels articles le Président du siège a donné lecture et qui sont ainsi conçus :

. . . .

Tribunal civil d'Alais

Audience du 19 décembre 1895 (1)

—

Attendu que le jugement du Tribunal correctionnel du Vigan, en date du 7 avril dernier, indique les faits de la cause et répartit les responsabilités encourues dans l'accident survenu le 23 mars 1895, lequel a eu pour résultat de faire perdre au jeune V... la deuxième phalange du pouce, la troisième phalange de l'index, la troisième phalange et le tiers inférieur de la deuxième phalange du médius, ainsi qu'une minime partie de la troisième phalange de l'auriculaire ;

Attendu qu'il est constant, dans cette décision de justice aujourd'hui définitive, que l'accident est arrivé par la faute commune de V... et de C... fils ; que ce dernier a contribué pour la plus grande part à l'événement dont il a été victime ;

Attendu que C... ne peut supporter seul les conséquences du préjudice occasionné par son fils, puisque cet accident ne serait pas survenu sans le concours de V... fils ;

Que le père de celui-ci est responsable d'une partie de la faute perpétrée par le concert des deux enfants ;

Qu'il convient de tenir compte de cette circonstance dans l'allocation des dommages.

---

(1) Présidence de M. de Cabissole, président.

Sur l'appel en garantie :

Attendu que C..., tenant à dégager sa responsabilité, appelle l'instituteur V.... en garantie, au prétexte que son fils et la victime de l'accident étaient sous sa surveillance au moment où celui-ci s'est produit ;

Attendu qu'il est de principe que les instituteurs sont responsables du dommage causé par leurs élèves pendant le temps qu'ils sont sous leur surveillance ;

Attendu que l'accident s'est produit, ainsi que tout le monde le reconnaît, pendant l'heure du déjeuner, c'est-à-dire à un moment où, les classes étant terminées, les récréations finies, les élèves avaient quitté l'école et n'étaient plus sous la surveillance du maître ;

Attendu que de midi à une heure les élèves sont rendus à leurs parents qui en deviennent responsables ; que ni les règlements administratifs, ni les usages ne prescrivent à l'instituteur la surveillance de ceux qui, éloignés du pays, prennent par tolérance leur repas dans la cour de l'école, comme ils pourraient le faire au-dehors, sur les places publiques, sur les chemins et même dans une maison de la localité ;

Que, s'il en était autrement, ce serait empêcher l'instituteur de vaquer à ses affaires personnelles, de prendre ses repas et lui créer une responsabilité permanente qui rendraient ses fonctions impossibles ;

Attendu qu'un établissement communal n'entraîne avec lui une surveillance active qu'aux heures de classe et de récréation ; qu'à ce moment seul le père de famille délègue ses pouvoirs et est en droit de compter sur une surveillance effective ;

Attendu que les faits qu'on demande à prouver, seraient-ils établis, n'auraient pas pour résultat d'engager la responsabilité de l'instituteur, aucune corrélation n'existant entr'eux et l'accident ;

Que l'offre en preuve doit être rejetée comme inutile et frustratoire ;

Attendu que la partie qui succombe doit supporter les dépens,

Par ces motifs :

Le Tribunal, jugeant en premier ressort et matière ordinaire,

Ouï le Ministère public en ses conclusions orales, sans s'arrêter à l'offre en preuve de C..., laquelle serait inutile et frustratoire, condamne C... père à payer à V..., à titre de dommages-intérêts, pour la part lui incombant dans l'accident survenu au jeune V... par la faute commune de C... fils et de V... fils, la somme de huit cents francs. Dit que cette somme sera placée en rentes sur l'État français 3 % immatriculée au nom de V... fils. Met hors d'instance le sieur V... sans dépens. Dit que l'assignation en garantie qui lui a été adressée par C... restera sans effet ;

Condamne C... aux entiers dépens qu'il supportera, au besoin, à titre de dommages-intérêts ;

Rejette le surplus des conclusions des parties. (1)

Le Tribunal de la Seine, le 23 avril 1869, a aussi exonéré de toute responsabilité le directeur d'un établissement pour un accident survenu dans la cour de l'école au moment de la récréation, lequel accident amena la mort d'un élève :

Attendu, dit la décision, que la demande en dommages-intérêts des époux Auvillain n'est pas justifiée ; qu'il

---

(1) Ce jugement a été confirmé par la Cour de Nîmes en 1896.

résulte même des déclarations reçues dans l'enquête que l'événement douloureux du 15 février 1867 n'aurait pu être empêché malgré la surveillance la plus active, puisqu'il est établi que c'est en fuyant la poursuite d'un camarade, poursuite commencée à une certaine distance du gymnase, que le jeune Auvillain est venu traverser le lieu des exercices, sur lequel il a été atteint par l'escarpolette en mouvement lors de son passage ; que, dès lors, l'accident qui a causé la mort de Charles Auvillain est arrivé par un fait personnel à l'enfant dont le supérieur de l'école ne peut être déclaré responsable.

Par ces motifs :

Déclare les époux Auvillain mal fondés dans leur demande, les en déboute et les condamne aux dépens.

Le 25 février 1879, le Tribunal civil d'Auxerre a eu à statuer sur la responsabilité du principal du collège de cette ville, pour des blessures occasionnées à l'un des élèves de cet établissement par un de ses camarades

Pendant la récréation, et dans une des cours du collège, Paul Richard avait été atteint à l'œil droit par une pierre lancée par l'élève Boy ; cet accident avait eu pour conséquence, d'après le père du blessé, le décollement de l'iris et deux petites taches noires avec un léger pointillé de la même couleur au centre de la rétine ; il avait causé à l'enfant de vives douleurs et nécessité un long traitement.

Le père de la victime avait actionné la ville et le principal du collège en paiement solidaire de 10.000 francs de dommages-intérêts.

Le Tribunal d'Auxerre déclara la ville et le principal du collège solidairement responsables des suites de l'accident survenu à Richard; mais, sur appel, la Cour de Paris, le 16 février 1880, déclara l'action de Richard père mal fondée à l'égard de la ville d'Auxerre et statua en ces termes à l'égard de M. Monceaux, principal :

Considérant que c'est avec raison que les premiers juges l'ont assimilé, en sa qualité de principal du collège, à l'instituteur ; que l'article 1384 du Code civil le déclare civilement responsable du dommage causé par ses élèves pendant qu'ils sont sous sa surveillance ; mais que, devant la Cour, il articule de prouver six faits qui, pris dans leur ensemble, et s'ils étaient établis, tendraient à justifier, comme il le prétend, qu'il ne lui a pas été possible d'empêcher le fait qui, par son caractère soudain et inopiné, devait échapper à la surveillance la plus attentive et la plus assidue ; que l'articulation porte aussi sur certaines circonstances de l'accident qui sont demeurées obscures et qu'il importe à la justice de vérifier ; que les faits étant tous pertinents et concluants et la preuve admissible, il convient d'ordonner l'enquête demandée.

Faisant droit à l'appel et réformant, déboute Richard de son action qui est déclarée mal fondée à l'égard de la ville d'Auxerre.

En ce qui concerne Monceaux, avant dire droit au fond sur l'action en responsabilité formée contre lui, tous droits et moyens demeurant réservés aux parties, ainsi que le surplus des dépens, l'autorise à prouver, aux formes de droit et par enquête ordinaire, les faits suivants, etc..., etc...

En 1878, deux élèves de collège communal

de Bailleul, sous la surveillance du professeur B..., sur l'ordre de ce dernier et sans prévenir le surveillant de la récréation, jetèrent dans la cour des externes une cuvette d'eau contenant des morceaux de phosphore.

Le jeune Achille D..., qui jouait dans la cour des pensionnaires séparée par quelques piquets, ayant vu lancer le contenu de la cuvette, voulut voir ce qui avait été jeté; il demanda et obtint l'autorisation d'aller aux lieux de la cour des externes. Les lieux étaient situés en face de l'endroit où l'on avait jeté la cuvette. S'écartant du chemin qu'il devait suivre, Achille D... alla ramasser des morceaux de phosphore qui lui brûlèrent la paume de la main gauche et la cuisse droite.

Le tuteur d'Achille D... actionna en dommages-intérêts devant le Tribunal civil d'Hazebrouck le professeur B... et le principal du collège M. P...;

Par décision en date du 29 août 1879, le Tribunal retînt la responsabilité du professeur B... par les considérants suivants :

« Attendu que si le professeur B..., par l'imprudence duquel l'accident est arrivé, doit être déclaré responsable des conséquences des blessures résultant de son fait, il doit cependant être tenu compte de toutes les circonstances pour l'appréciation du dommage résultant des brûlures ci-dessus spécifiées et de la répartition à laquelle a droit le jeune D... ; qu'en effet, s'il est établi que c'est par l'imprudence de B... que D... a été brûlé, il résulte

du témoignage du docteur Debuschère que ses blessures
étaient peu graves et ne devaient pas, si elles avaient
été soignées, paralyser les mouvements de la main ;

Que la somme de 25.000 francs réclamée est
exagérée. »

Il fut condamné à payer 400 fr. de dommages;

Mais le Tribunal rejeta la demande du tuteur
en ce qui concernait le principal du collège et
statua comme suit :

Attendu que ni l'enquête, ni la contre-enquête ne
révèlent aucun fait qui soit de nature à impliquer sa
responsabilité personnelle ; que lors du jet dans la cour
des morceaux de phosphore, matières dangereuses, le
professeur B... n'avait fait prévenir ni le surveillant de
récréation, ni le principal de ce qui se passait et du danger
que pouvaient courir les élèves en circulant dans la cour
des externes;

Qu'il n'a donc pu, soit directement, soit indirectement,
exercer aucune influence pour prévenir ou empêcher
l'accident ;

Qu'il ne saurait, d'un autre côté, répondre des fautes
du professeur B..., placé sous ses ordres il est vrai, mais
dont le choix ne lui appartient pas, et dont les attributions réglées par le Ministre sont absolument indépen-
dantes de lui. »

La Cour de Douai, devant laquelle le tuteur
interjeta appel, repoussa l'appel du tuteur à
l'égard du principal, maintint, en conséquence,
la décision des premiers juges en donnant,
dans son arrêt du 13 janvier 1880, les considé-
rations ci-après :

Attendu que si le fait de la rémunération directe d'un professeur dans un collège par le Ministre implique que ce Ministre a seul le droit de le révoquer, et place, dès lors, à divers égards, ce professeur dans une situation d'indépendance vis-à-vis du principal du collège, il serait néanmoins excessif de décider que le principal puisse se désintéresser absolument des agissements du professeur dans son collège, et n'encourir aucune responsabilité par suite ou à l'occasion d'actes dommageables accomplis vis-à-vis d'enfants confiés à sa garde et auxquels il doit nécessairement vigilance et protection. Mais attendu, en fait, que dans le cas particulier donnant lieu au litige, les premiers juges ont exactement relevé et apprécié les circonstances qui excluent la responsabilité du principal. Par ces motifs, déclare l'appel mal fondé.

On peut citer encore un arrêt de la Cour de Paris, chambre correctionnelle, qui décide : que le directeur d'une école ne saurait être déclaré civilement responsable d'un délit de coups et blessures volontaires commis sur un des élèves, dans l'intérieur de l'école, par un ou plusieurs de ses camarades, lorsqu'il est établi qu'il a rempli tous ses devoirs de bonne direction et qu'il s'est trouvé dans l'impossibilité de prévenir les coups qui ont été portés, par suite de la rapidité imprévue avec laquelle ils ont été assénés. *(Cour de Paris, 31 mai 1892.)*

Dans la cour de l'école communale de Fontenay-sous-Bois, les élèves étaient réunis, pendant la récréation, sous la garde de deux maîtres chargés de les surveiller; trois élèves, sans qu'il y eut discussion ou dispute, se précipitèrent sur un de leur camarade et lui portèrent des coups, si rapidement que la surveillance la plus active aurait été déjouée;

Les élèves, poursuivis devant le Tribunal correctionnel de la Seine, furent condamnés et le directeur de l'école fut déclaré responsable de ce délit par jugement du 23 janvier 1892; ce dernier ne crut pas devoir frapper d'appel cette décision, mais elle fut déférée à la Cour par appel du Procureur général.

La Cour, par l'arrêt qui vient d'être indiqué, du 31 mai 1892, releva le directeur de la responsabilité.

Un arrêt de la Cour suprême, du 13 janvier 1890, rendu sous la présidence de Mr Barbier, a décidé :

Qu'un enfant mineur parvenu à l'âge de discernement commet une faute, au sens des articles 1382 et 1383 du Code civil, lorsque, dans la cour de la pension où il est réuni avec ses camarades il jette en l'air, par contravention au règlement, un fragment d'ardoise ramassé a terre, qui, en retombant, vient atteindre et blesser un autre élève.

En conséquence, le père dudit enfant mineur peut être condamné à des dommages-intérêts, à raison de ce fait, en tant qu'administrateur légal des biens de son fils. Mais le père ne peut être condamné personnellement à des dommages-intérêts, comme responsable dans les termes de l'article 1384 du Code civil, du fait de son fils, puisqu'il n'avait pas celui-ci sous sa garde à l'époque de l'accident, la surveillance de l'enfant étant alors confiée au directeur de la pension.

L'action en garantie que le père, poursuivi en dommages-intérêts à raison de l'accident et de ses suites, a dirigé contre le directeur du pensionnat, est à bon droit rejetée, quand il résulte des constatations souveraines des juges du fond que ce directeur avait pris toutes les précautions qu'il lui était humainement et raisonnablement possible de prendre pour empêcher et prévenir l'accident en question.

Un directeur de pensionnat échappe, au surplus, à toute responsabilité directe pour un accident de cette nature, quand il est démontré que son établissement est tenu avec soin, que le règlement porté chaque année à la connaissance des élèves défend, avec menace de punition, de lancer des pierres, même sous prétexte d'amusement, et enfin qu'au moment où le fait s'est produit inopinément et sans pouvoir être prévenu, trois surveillants étaient préposés à la garde des élèves.

Dans l'espèce, il s'agissait d'un jeune élève qui, dans la cour d'un pensionnat, où il se trouvait avec ses camarades, avait lancé inopinément en l'air un fragment d'ardoise ramassé à terre, et ce fragment, en retombant, avait blessé grièvement à l'œil un autre élève, contre lequel il n'était nullement dirigé.

La mère de l'élève blessé avait actionné en dommages-intérêts le père du jeune enfant qui avait lancé l'ardoise.

Le père de ce dernier avait, à son tour, appelé en garantie le directeur de l'école sous la surveillance duquel se trouvait son fils.

La Cour de Nancy rejeta la demande en garantie du père, en constatant que le directeur de l'école n'avait aucune faute à se reprocher. Elle condamna le père à des dommages-intérêts, en tant qu'administrateur des biens de son fils.

On trouve, enfin, parmi les rares décisions qui ont reconnu la responsabilité de l'instituteur et estimé qu'il aurait pù empêcher le fait accidentel, le jugement du Tribunal de Guéret, condamnant le directeur de l'Ecole supérieure de La Souterraine au paiement d'un capital et d'une pension viagère pour un accident survenu à un élève.

Les cantonniers de la ville avaient fait, dans la cour de l'école, des trous de 50 à 60 centimètres de profondeur pour y planter des arbres. Ils n'avaient pas entouré ces trous de barrières de protection et étaient partis pour ne revenir faire leurs plantations que le lendemain.

Pendant la récréation, l'enfant D... fut poussé par un de ses camarades et il tomba dans l'un de ces trous. Le résultat de sa chute fut la fracture du tibia avec entorse du genou. L'expertise médicale conclut à l'impossibilité de la guérison de l'élève, qui doit toujours marcher difficilement.

Le Tribunal a pensé que la surveillance du directeur a été en défaut; que, s'il ne pouvait pas empêcher l'autorité municipale de procéder aux travaux de plantations, il pouvait prendre des mesures de sécurité pour garantir ses élèves d'accident.

Mais, en dehors de cette décision, qui n'a pas peut-être encore acquis l'autorité de la chose jugée, car elle est de date récente, la jurisprudence, on l'a vu par les nombreux arrêts déjà cités, admet que la surveillance est chose difficile et que, malgré toutes les précautions dont l'instituteur s'entoure, il ne peut pas prévoir le brusque mouvement d'un enfant dans ses jeux ou la brutale fantaisie d'un élève qui frappe un camarade.

En résumé, par les exemples qui précédent, il est facile de constater que les instituteurs ne sont pas responsables de plein droit des conséquences des délits commis, des coups portés ou des blessures faites par des enfants placés sous leur surveillance, ou encore des accidents qui surviennent à leurs élèves puisque la loi n'édicte qu'une présomption de faute qui peut être combattue par la preuve contraire. Que c'est au juge du fond qu'il appartient d'apprécier souverainement si lesdits instituteurs, considérés en principe par loi comme responsables du dommage causé par leurs élèves, se sont trouvés ou non en situation d'empêcher le fait qui donne lieu à cette responsabilité.

On l'a vu déjà, la jurisprudence et la doctrine sont d'accord sur ce point.

(Larombière, Théorie et pratique des obligations, article 1384, n° 24. — Laurent, Principes du droit civil, tome 20, n° 564. — Sourdat, Traité de la responsabilité. — Dalloz, V° Responsabilité. — Merlin, Répertoire. — Demolombe, Traité des contrats, tome 8, n°s 586 et 604. — Aubry et Rau, Cours de droit Français, tome 4, § 447 page 759. — Marcadé, Explication du Code civil, tome 5, art. 1384.)

L'instituteur doit être exonéré de toute responsabilité lorsqu'il est démontré, en fait, qu'il a pris toutes les précautions qu'il lui était humainement et raisonnablement possible de prendre pour prévenir le dommage causé.

La facilité avec laquelle on peut obtenir le bénéfice de l'assistance judiciaire que, dans un but de lucre, des agents sans profession avouée et peu scrupuleux, invitent, le plus souvent, des pères de famille à solliciter, s'il se produit un accident dans une école, font émettre le vœu que cette présomption légale de responsabilité disparaisse totalement de notre législation pour être placée sous l'article plus général de la réparation des fautes qui causent à autrui un préjudice quelconque en laissant à la partie lésée la charge de prouver la faute et d'établir le dommage.

Une réglementation pour les heures de surveillance est inutile, puisqu'elle existe, et on ne peut pas d'ailleurs limiter la responsabilité de l'instituteur aux heures réglementaires, car il peut commettre en même temps et par un même fait une double faute : une infraction aux instructions ministérielles pour laquelle il est justiciable de l'autorité administrative, et une négligence qui le rend responsable devant l'autorité judiciaire du dommage qu'il a occasionné ou a laissé produire. Une instruction ministérielle ne peut pas avoir pour effet de limiter et restreindre la portée d'un article de la loi civile, qu'on appliquerait inégalement aux instituteurs, suivant qu'ils seraient publics ou privés.

L'assurance par l'Etat n'est pas absolument indispensable surtout si les représentants de celui-ci, délégués à cet effet, passent un contrat avec chacun des membres de l'enseignement moyennant le paiement de primes et à des conditions que les instituteurs ne seraient point libres de discuter; il est préférable, dans ce cas, de laisser à chacun le soin de faire garantir sa responsabilité civile, pour les accidents scolaires, par des sociétés privées, assez nombreuses pour répondre aux besoins du moment, et avec lesquelles il est loisible de discuter tant la durée des engagements que l'étendue de la garantie.

Les instituteurs, de plus, peuvent former des syndicats dans le but de venir en aide à ceux des sociétaires qui sont l'objet d'une action judiciaire pour accidents.

Il faut reconnaître, toutefois, qu'il serait juste que l'Etat accorde gratuitement aux instituteurs publics la garantie de leur responsabilité civile pour les accidents scolaires, puisqu'il impose aux directeurs des écoles publiques l'admission de tous les élèves qu'il plaît à ses représentants d'y introduire, qu'il ne permet aux instituteurs que de proposer l'exclusion supérieure à deux jours, pour faits graves, sans préoccupation aucune du caractère brutal, turbulent ou fantasque de l'élève admis, pouvant à chaque instant et malgré la plus active vigilance engager la responsabilité du maître par un acte de brutalité ou un mouvement de brusquerie.

Il serait donc facile, à la suite d'un accident scolaire, de faire procéder à une enquête administrative par une commission spécialement désignée à cet effet, et si le résultat de l'examen de cette commission amenait la certitude qu'aucune faute n'est imputable à l'instituteur, la garantie de l'Etat lui serait accordée pour se défendre d'une action judiciaire injustement introduite contre lui.

Alais — Typ. et Lith. Martial et Fabre, Grand'Rue, 93